Comunicación

Desarrolla la capacidad de comunicarse de manera efectiva en una variedad de situaciones y relaciones interpersonales

(Construir relaciones a través del habla consciente y la escucha profunda)

Mariano Barrientos

TABLA DE CONTENIDOS

El Ruido 1

Acepta Que Otras Personas No Te Deben Nada 7

La Gestión Del Capital Intelectual Y El Conocimiento 15

La Administración Del Conocimiento 25

Administrar El Conocimiento 32

Observar La Comunicación No Verbal 48

¿Cómo Se Comunican Los Bebés Y Los Niños Con Gestos? 54

La Interacción No Verbal 55

Expectativas Correctas 68

Involucrado En Comparación Con Comprometido 109

Una Relación Íntima A Lo Largo De La Vida . 128

El Ruido

La mayoría de las veces, no mantenemos una concentración total cuando interactuamos con los demás. Al no hacerlo, perdemos partes del mensaje que reconstruimos en nuestra mente más tarde. Pero ya construimos esta reconstrucción desde nuestro "mapa". Esto hace que nuestra interpretación del mensaje no sea exactamente lo que nos querían decir.

Estas distracciones, que me impiden concentrarme al 100%, se llamarán "ruido".

Nuestra mente recibe continuamente información, como te mencioné anteriormente. Aunque no somos conscientes de una gran parte de esa información, nos distrae.

Experimentemos con esto:

Concéntrate en todos los sonidos que en este momento están captando tus oídos mientras cierra los ojos. Permanece en este estado durante unos minutos.

Este ejercicio te ayudará a tomar conciencia de todos los sonidos de tu entorno. Aunque hace unos minutos no los habías notado, ahora podrás reconocer el perro que ladra a lo lejos, el tráfico en la calle, las conversaciones cercanas, el ruido del compresor del aire acondicionado y otros sonidos. Muchos sonidos que no oías, pero que sí oías.

Este "ruido" finalmente nos distrae y nos dificulta mantener una conversación. Además, nos lleva de manera discreta y aumenta nuestro estrés y ansiedad.

Realizemos un ejercicio adicional:

Concéntrate en tu cuerpo mientras cierras los ojos. Desde el cuerpo hasta los pies. Permanece así durante unos minutos.

¿Cuál es tu percepción? ¿Se siente que alguna parte de su cuerpo está tensa? ¿Tienes dolor? Tal vez en este momento se dé cuenta de que ese café que tomó hace media hora no te ha sentado bien. Alternativamente, que te aprieten los zapatos. O sientes frío porque el aire está demasiado alto.

Al igual que con los sonidos, no eras consciente de estas micro molestias hace unos minutos, pero ahora también te estrés y te hacen perder la concentración.

Añadimos sonidos y estímulos visuales an esta mezcla. La persona que pasa por delante, un icono en la pantalla que te avisa de un nuevo mensaje o un aviso en tu teléfono que te recuerda la cita que tienes en una hora. En conclusión, una combinación completa de estímulos que mantendrán tu atención durante todo el día.

Todos estos "ruidos" tienen un impacto en nuestra vida diaria y también en nuestra capacidad de comunicarnos. Reducen nuestra capacidad de escucha, pero también nos causan ansiedad y falta de concentración.

¿Cuál es nuestra opción?

Para reducir estas distorsiones, es importante ser conscientes de ellas. Debemos minimizar la distracción y el ruido durante una reunión o conversación importante. De esta manera, podremos concentrarnos, estar más relajados, mejorar nuestra capacidad de escucha y tener más facilidad para elaborar los mensajes que queremos transmitir.

Como se puede observar, la comunicación empieza a volverse un poco más complicada. Ya no solo debemos tener en cuenta que nuestro "mapa" es distinto al de cualquier otro. Además, debemos estar atentos a todos los "ruidos" que pueden afectar negativamente nuestra comunicación.

Acepta Que Otras Personas No Te Deben Nada

Es importante comprender (y esto unirá las últimas secciones) que tanto los demás como tú no te deben nada.

Si crees que alguien te está manipulando, vete. Es lo mejor para ti. No te estoy diciendo que no correspondas; simplemente asegúrate de no permitir que se aprovechen porque sientas que le debes algo a los demás.

Conozca su valor, mantenga límites (los cuales se detallarán más adelante), y solo interactúe con aquellos que te tratan como tal.

Nadie más te debe nada. Si alguien no es justo contigo, no lo hostigues ni te quejes, ni tomes su tiempo. Aléjate.

O asume que están ocupados y se pondrán en contacto contigo más tarde, o no valen la pena tenerlos en tu vida. No desperdicies tu capital mental pidiendo ayuda a alguien porque no se alinea con tu visión idealizada del mundo. Vive en la vida real, donde nadie te debe nada.

Date cuenta de esto y actúe de acuerdo con ello.

Tener valores e integridad.

Cada vez es menos común encontrar personas honestas y capaces de defender algo en la vida. La mayoría de las personas nunca han considerado esto, carecen de carácter y tratan de "encajar" con los demás. Si alguna vez quiere tener la oportunidad de ser una persona de alto valor, esto es algo que debe eliminar de inmediato. Incluso Warren Buffet dijo que al contratar personas, la integridad es lo más importante que busca, y que debería ser el rasgo más importante que busca desarrollar. ¿Deseas que al morir la gente piense que eras una persona con principios que defendía algo, o alguien a quien la gente mira con neutralidad y luego olvida unos años más tarde?

Esa decisión recae en ti.

¿Cómo se desarrolla esta integridad ahora? Todo se reduce a ser honesto y defender los principios que siempre tienes. Si nunca antes has considerado esto, comienza pensando en cómo deseas que te recuerden. Según "Los siete hábitos de personas altamente efectivas" de Stephen Covey, piense en su funeral y en lo que quieres que la gente diga sobre ti. A partir de ahí, comienza a proponer características, valores y normas que también debes seguir. Y luego, sin importar con quién te encuentres, mantén esos estándares. Comenzaría con una lista de diez estándares. Sin embargo, no te apresures; tómate tu tiempo para resolver esto; es crucial.

No debería tener que decirte que seas honesto con los demás ahora. Pero ser honesto con uno mismo es lo que realmente importa en la integridad. Manténgase fiel an esos principios y características morales y evalúate constantemente acerca de cómo te está yendo. Cuando estás cerca de personas con una moral más relajada y estándares aparentemente inexistentes, debes mantenerte fiel a ti mismo y defender lo que crees, incluso si te hace destacar y hace que los demás te vean de otra manera. Y una vez más, no hagas esto por los demás; en cambio, hazlo por ti mismo. Cada vez que rompas una promesa, perderás confianza en ti mismo. La epidemia de baja autoestima se debe a la falta constante de apego a los principios de uno mismo, que ha erosionado completamente la autoimagen de la persona promedio después de décadas de no defender nada. Si ser diferente implica una mayor autoestima, creo que hay que tomar una decisión obvia. Y luego, por supuesto, otras personas de alto valor te reconocerán por lo que eres, lo que generará un fuerte impulso positivo.

Sinopsis

Aprender a ser un buen oyente tiene ciertas ventajas y, en la mayoría de los casos, hace que la persona parezca una persona muy amable y apreciada. Dado que la mayoría de las personas prefieren an un buen oyente an un buen conversador, definitivamente vale la pena aprender cómo hacerlo.

verdaderamente presta atención

Un buen punto de partida es entender que escuchar no es solo una actividad pasiva. No se espera que la escucha sea una actividad sin emociones ni nada más.

De hecho, los buenos oyentes pueden encontrar soluciones viables porque pueden comprender y seguir los diversos factores que contribuyen a cualquier situación particular que se esté discutiendo.

Desarrollar la habilidad de escuchar con atención también le permite a la persona "escuchar" cosas que no se están verbalizando pero que son lo suficientemente importantes como para requerir atención.

A veces, estos fragmentos de información tácitos pueden ser más informativos que lo que se dice en la conversación, y cuando estos fragmentos de información permiten que el oyente actúe de una manera que es a la vez tranquilizadora y beneficiosa para el hablante, hay una gran cantidad de beneficios.

Los buenos oyentes suelen convertirse en sabios. Escuchar requiere cierta moderación, lo que permite a la persona reflexionar sobre lo que se está hablando antes de emitir un juicio o dar una respuesta.

La persona simplemente está escuchando y permitiendo que la otra parte desahogue todo hasta que esté completamente satisfecha.

 Después de esto, la persona será más receptiva a cualquier consejo o comentario, lo que permitirá una solución.

 hacerse. Dos personas que toman y tratan de transmitir sus pensamientos y puntos de vista no ayudarán a mejorar una situación que ya es delicada.

La Gestión Del Capital Intelectual Y El Conocimiento

El capítulo comienza destacando cómo el conocimiento es una de las principales fuentes de ventajas competitivas para las empresas, ya que ayuda a transformar los activos intangibles del personal y fomenta el cambio intelectual de una economía industrial an una basada en el conocimiento, con el cambio cultural que esto implica.

Para adentrarnos en el conocimiento organizacional de manera que se pueda transmitir fácilmente a través de sistemas de comunicación con documentos y tecnologías de la información, explicamos las diferencias entre el conocimiento tácito y el conocimiento explícito.

Contamos cómo se cuida y desarrolla el concepto de capital intelectual en la empresa, así como sus posibilidades para garantizar la eficacia y eficiencia en sus aspectos estructural, humano y relacional.

Finalmente, discutimos cómo fidelizar a los empleados críticos de la empresa a través de la educación y el aprendizaje virtual de una manera flexible y personalizada.

El concepto de gestión del conocimiento

En España, la gestión del conocimiento comenzó a ser mencionada a mediados de los años 90 del siglo XX, cuando aún no se utilizaba de manera consistente en las empresas internet, y comenzaron a surgir conceptos como la gestión por competencias, el empowerment, la reingeniería de procesos y, sin duda, el aprendizaje en continuidad o el trabajo en equipo.

El conocimiento contenido en una organización empresarial es uno de los principales recursos para obtener ventajas competitivas en la economía moderna.

Analizaremos ahora el conocimiento tácito y explícito.

Conocimiento tanto explícito como tácito

El conocimiento tácito es aquel que tenemos, pero que no podemos explicar debido a su gran personalidad. Por lo tanto, es difícil de comunicarlo an otros (podemos saber mucho más de lo que podemos decir o expresar), ya que se trata de habilidades informales, con una gran dimensión cognoscitiva e intangible.

Por otro lado, el conocimiento explícito es formal y sistemático, por lo que se comunica más fácilmente con fórmulas y especificaciones claras o con programas informáticos.

A continuación, veremos cómo se relacionan estos dos tipos de conocimiento y de qué manera podemos transformar el uno en el otro y viceversa en función de las necesidades de la empresa.

Las siguientes características del conocimiento determinan los métodos para convertir el conocimiento tácito en conocimiento explícito:

• No es explícito. Está compuesto por las experiencias implícitas, las ideas, las observaciones, los valores y los juicios de las personas. Es dinámico y solo se puede acceder an él mediante la colaboración y la comunicación directa con expertos con conocimiento.

La comunicación genera una base de conocimiento explícito para el futuro al acumular preguntas y respuestas, problemas y soluciones, lo que lleva al paso del conocimiento tácito al explícito.

El sistema debe ayudar a los empleados a comunicarse porque el conocimiento empresarial está en sus cerebros. Para que las mentes individuales trabajen juntas, es necesario conectarlas. crear un entorno laboral que fomente y fomente la comunicación entre los empleados y con su entorno, tratando de facilitar la creatividad e imaginación de los empleados trabajando juntos en grupos participativos.

Los modos de conversión del conocimiento son cuatro modelos fundamentales de generación de conocimiento en una organización que se pueden usar para diferenciar el conocimiento tácito del conocimiento explícito.

1. De tácito a tácito: en ocasiones, una persona comparte información tácita directamente con otra persona. La observación, la imitación y la práctica son formas de aprender sus habilidades tácitas. El oficio del cocinero es un buen ejemplo de cómo transmite conocimientos tácitos adquiridos por experiencia y práctica an otros por imitación y observación. Hay varias formas de realizar este proceso:

Observación personal. Como en una relación maestro-discípulo, los miembros de una comunidad observan la tarea bajo su responsabilidad y las habilidades de los demás en su ejecución. Los observadores discuten qué acciones funcionan y qué no. El objetivo es mejorar su capacidad para actuar en situaciones similares.

Observaciones directas y explicaciones orales. Los miembros observan las tareas bajo su responsabilidad y obtienen de otros miembros explicaciones adicionales sobre el proceso de ejecución de las tareas, con frecuencia en forma de relatos de incidentes similares o alegorías. Estos relatos dan forma a las conclusiones de los observadores.

Replicación. Los miembros intentan imitar la ejecución de una tarea basándose en lo que ven los demás.

Experimentar y hacer comparaciones. Los miembros prueban varias soluciones y luego observan el trabajo de un experto para comparar sus resultados.

ejecución generalizada. Los miembros de la comunidad se esfuerzan por llevar a cabo la tarea juntos, y los más experimentados ofrecen con frecuencia sugerencias e ideas sobre cómo los menos experimentados pueden mejorar su desempeño.

2. Del silencio al discurso explícito. ocurre cuando alguien puede transformar los pilares de su conocimiento tácito en conocimiento explícito, lo que le permite compartirlo con los demás miembros del equipo.

3. Entre lo explícito y lo explícito. Es cuando alguien combina una variedad de sus conocimientos explícitos en una combinación de todos, pero esta

combinación no se extiende o comunica a toda la organización y es completamente individual.

4. De declarado an encubierto. Cuando un nuevo conocimiento explícito se comparte por toda la organización interna, el resto de los empleados empiezan an interiorizarlo, ampliarlo y reformarlo hasta que se convierte en un conocimiento tácito.

El diagrama 5 muestra la relación entre los dos tipos de conocimiento y las diferentes formas de conversión entre ellos.

Estos cuatro modos de conversión del conocimiento funcionan junto con una clase de crecimiento en espiral en una empresa con conocimiento creativo, de modo que comienza de nuevo desde otro nivel o escala de conocimiento. Por lo tanto, tenemos un proceso en espiral de forma continua y avanzando cada vez más en el conocimiento de los procesos:

1. Socialización o conocimiento simpatizado: descubrir los secretos del

conocimiento tácito mediante el ejercicio. De manera indirecta an indirecta. Comprensión y absorción.

2. Articulación, también conocida como conocimiento conceptual, es el proceso de transformar los secretos ocultos en conocimientos explícitos a través de la discusión, y luego transmitir este conocimiento a todos los miembros de su equipo de colaboradores y al resto de la organización. Es conveniente emplear un lenguaje figurativo, lleno de analogías y metáforas, para transformar lo tácito en explícito. Investigar y establecer.

3. Combinación, síntesis o conocimiento sistémico: cuando el equipo estandariza o normaliza el conocimiento explícito mediante procedimientos o manuales. Es información y capacitación. Definir y regular.

4. Interiorización o conocimiento operativo: por último, los miembros del equipo pueden expandir su conocimiento tácito interiorizándolo usando su conocimiento explícito. creación e innovación.

Es posible utilizar una variedad de enfoques en un proyecto de gestión del conocimiento, pero es fundamental considerar qué tipo de conocimiento queremos tratar. Es necesario distinguir entre el conocimiento tácito y el conocimiento explícito para lograrlo.

El conocimiento tácito es el conocimiento que tenemos, pero que podemos explicar. Pensemos en cosas como montar en bicicleta o nadar. Aunque podemos hacerlo, es difícil para nosotros describir cómo se hace en un manual de instrucciones.

El conocimiento explícito, por otro lado, se refiere al conocimiento que se puede mostrar en documentos como manuales, libros, bases de datos o páginas web.

En general, hay dos grandes tipos de estrategias de gestión de conocimiento, según la diferencia entre tácito y explícito.

En cambio, para transmitir el conocimiento tácito, es necesario el contacto humano entre quienes lo poseen y quienes quieren acceder an él. Las estrategias para gestionar este tipo de conocimiento, por lo tanto, deberían enfocarse en promover el intercambio a través de comunidades de práctica, ferias de conocimiento o simplemente estableciendo una cultura organizacional que facilite los contactos informales entre los empleados.

La Administración Del Conocimiento

El conocimiento suele estar en las mentes de las personas, por lo que no siempre está disponible para la organización cuando es necesario. La gestión del conocimiento es una nueva disciplina que ha surgido con fuerza en las últimas décadas para abordar este problema. La identificación, captura, recuperación, difusión y evaluación del conocimiento organizacional es el tema de este campo.

El objetivo principal es que todos los conocimientos que se encuentran dentro de una organización puedan ser utilizados por aquellos que lo requieran para actuar de manera adecuada en cada momento. Cuando una organización se vuelve más compleja, es imposible que sus miembros retengan toda la información necesaria para que funcione correctamente. Los documentos son los medios para almacenar y recuperar información cuando sea necesario.

En la actualidad, la relevancia de la información ha aumentado y ha dejado de ser un mero auxilio para las operaciones comerciales para convertirse en un recurso vital, que en ocasiones es más valioso que el trabajo o el capital. Sin embargo, ahora es evidente que el conocimiento contenido en una organización es su principal fuente de ventajas competitivas. Esto ha generado una gran preocupación en los líderes de diversas organizaciones por cómo utilizar al máximo los recursos de conocimiento que poseen.

Conseguir que aquellos que poseen el conocimiento puedan expresarlo en documentos es una estrategia para administrar el conocimiento explícito. De esta manera, cualquiera que lo necesite puede almacenarlo y recuperarlo en el momento adecuado. Los sistemas de gestión documental juegan un papel importante en este proceso. Es fundamental diseñar una arquitectura de información adecuada para garantizar la vigencia de los documentos almacenados o su fácil acceso a través de las redes.

Además, los sistemas de gestión documental tienen mucho potencial gracias a las nuevas tecnologías que se están desarrollando en la actualidad. Los sistemas de recuperación que utilizan tecnologías basadas en el procesamiento de lenguaje natural facilitarán la localización de documentos con información relevante, mientras que los sistemas de visualización de información avanzados facilitarán la gestión de complejas bases de datos con miles de documentos.

Por otro lado, la comunicación humana entre aquellos que poseen y aquellos que buscan acceder al conocimiento tácito es esencial para su transmisión. De esta manera, las estrategias para gestionar este tipo de conocimiento deberían enfocarse en promover el intercambio a través de comunidades de práctica, ferias de conocimiento o simplemente establecer una cultura organizacional que permita que los empleados tengan contactos informales entre sí.

Sin embargo, las técnicas de gestión documental también pueden ser útiles para el conocimiento tácito. Un ejemplo obvio es la creación de bases de datos de expertos. Incluso es posible utilizar métodos de minería de datos para analizar datos (conocimiento explícito) y detectar patrones y tendencias, lo que permite la creación de nuevo conocimiento tácito.

La gestión adecuada de la información es esencial para la gestión del conocimiento porque ambas partes están estrechamente relacionadas. El conocimiento se construye a partir de información recibida, se almacena en contenedores de información y también se transmite a través de mensajes con contenido informativo. Y en este aspecto, los sistemas de gestión documental, que se ocupan de los soportes documentales de la información, son cruciales.

En pocas palabras, el conocimiento es humano, se deriva de la experiencia, se comunica y requiere un proceso de acumulación de información.

La evolución de las condiciones del mercado, que se ha caracterizado por un notable aumento de la competitividad y la globalización de los mercados, ha resultado en un entorno empresarial muy complejo y dinámico. Las empresas, especialmente aquellas cuyo recurso productivo principal son las personas, deben adaptarse an esta nueva situación y establecerse como organizaciones del conocimiento para mantenerse competitivas y sobrevivir.

La transformación de los activos intangibles en un valor constante es fundamental. En este escenario, la gestión del conocimiento aparece como un componente crucial para apoyar a las organizaciones en la consecución de sus objetivos desde un enfoque de dirección estratégica. Esta contribución al desarrollo estratégico se debe a que una empresa puede desarrollar ventajas competitivas sostenibles gestionando el conocimiento de su propia organización y su entorno. Ambos componentes deben ser considerados como un sistema único en constante interacción para que se pueda adquirir, compartir, entender, almacenar y transformar el conocimiento en beneficios concretos que aumenten el valor para el accionista. En los últimos tiempos, la teoría económica tradicional ha identificado al conocimiento como el tercer factor de producción, además de los dos principales factores productivos, el capital y el trabajo, como el factor diferenciador y generador de riqueza. Aunque el conocimiento siempre ha estado presente y ha permitido el desarrollo económico como componente exógeno del proceso productivo.

El desarrollo de nuevas técnicas de medición, que permiten una mejor comprensión del conocimiento, y el desarrollo de tecnologías de información y conocimiento, que permiten su difusión y distribución a través de todos los temas que componen la economía, son dos hechos fundamentales que explican la notable importancia del recurso del conocimiento en los últimos años.

En última instancia, las economías actuales, así como todos los actores económicos, están experimentando una transformación que implica la transición de una economía industrial an una basada en el conocimiento. Este tiene un valor diferenciador claro en este nuevo modelo económico basado en el conocimiento y, a través de su gestión, puede aportar ventajas competitivas. De esta manera, surge la idea de la gestión del conocimiento, que es el proceso de asegurar que una empresa desarrolle y utilice todo tipo de conocimientos relevantes para mejorar su capacidad de resolución de problemas y contribuya a mantener su ventaja competitiva. En otras palabras, la gestión del conocimiento es el arte de convertir la información y los activos intangibles en valor constante para nuestros clientes y para nosotros mismos.

La gestión del conocimiento requiere un cambio cultural tanto en las organizaciones y las personas como en las estructuras del sistema económico y de mercado. Sin embargo, la gestión del conocimiento nos hace diferentes, nos ayuda a ser una organización líder e innovadora y nos permite ofrecer a nuestros clientes soluciones comerciales de alto valor.

El diagrama de flujo de la gestión del conocimiento se muestra en el gráfico 6.

Administrar El Conocimiento

La innovación, el aprendizaje y la adaptación a nuevos mercados (e-business) son necesarios para enfrentar este cambio de manera adecuada. Para asegurar el éxito actual y futuro y proyectar al mercado un claro mensaje de compromiso en esta área, la tendencia creciente es gestionar el conocimiento ligándolo a los objetivos de negocio de la empresa.

Nuestro enfoque de gestión del conocimiento combina enfoques humanos, organizacionales y tecnológicos.

visión humana

La competitividad de las empresas se basa en su conocimiento tácito, que se encuentra en la mente de las personas y se expresa explícitamente en conversaciones, escritos o creaciones, en lugar de su conocimiento explícito. Es importante que una empresa transforme su conocimiento tácito en conocimiento explícito, ya que de lo contrario, cuando un experto abandona la empresa, la empresa perderá su conocimiento o know-how tácito. Es necesario que la dirección de recursos humanos promueva las contribuciones de los empleados y los motive a desarrollar una actitud favorable a la creación y transmisión de conocimientos, todo ello en línea con los objetivos estratégicos del negocio. Por lo tanto, para obtener una ventaja competitiva en la sociedad del conocimiento, la gestión estratégica de los RR. HH. es fundamental.

Enfoque de la organización

Desde esta perspectiva, la gestión del conocimiento debe analizar la estructura y los elementos organizacionales (liderazgo, cultura y clima) que afectan el aprendizaje de las organizaciones. En este enfoque, la gestión del conocimiento se enfoca en la creación de organizaciones que aprenden. Los líderes deben promover un ambiente en el que las personas trabajen juntas y se comprometan. Debido a que las estructuras burocratizadas son un obstáculo para la transferencia de conocimientos, es necesario crear estructuras que sean flexibles. Es necesaria una cultura organizacional que fomente el trabajo en equipo, la integración de las unidades, el intercambio de ideas y la confianza entre sus miembros.

Enfoque a la tecnología

Es evidente que la tecnología juega un papel importante en el nuevo entorno en el que las organizaciones se encuentran. Es importante tener en cuenta que actuarán como un impulsor, por lo que es recomendable abordar la gestión del conocimiento desde una perspectiva tecnológica que permita evaluar las diversas herramientas disponibles para realizar una elección y uso adecuado de ellas.

respeto por el organigrama y la jerarquía de la empresa

En última instancia, la cuestión es asegurarse de que lo que se muestra en el organigrama se lleve a cabo y que las personas que lo conforman realmente cumplan con sus responsabilidades. No hay nada más ni menos.

Sin embargo, es común encontrar empresas que han dedicado mucho tiempo y dinero a la planificación de su jerarquía corporativa y han invertido tiempo y dinero en la creación de un organigrama perfectamente planificado y minuciosamente elaborado en función de las posibilidades de su empresa, pero que todo el mundo ignora en última instancia.

Es el caso, por ejemplo, de las personas que han estado trabajando en una empresa durante un cierto período de tiempo, que a veces olvidan que la experiencia no les otorga más privilegios y que deben recordar dónde están y no actuar como si hubieran ascendido sin que realmente sea así. Pero es más común de lo que parece que los directivos desconocen su propio organigrama, ya que hay casos en los que uno o varios empleados se ven obligados an asumir responsabilidades debido a que pasan más tiempo en la empresa y conocen mejor el entorno, las tareas y los procesos. Sin embargo, como líderes, debemos tener en cuenta la verdadera posición de esta persona y si la empresa cree que debe asumir más tareas, debería estar incluido en el organigrama y recibir una compensación por ello. ¿Qué sentido tendría haber invertido tanto tiempo y esfuerzo en establecer esta organización si no fuera así?

Sin embargo, la comunicación entre los diferentes niveles jerárquicos es esencial para que la empresa funcione correctamente. Cada uno debe tener su lugar y ámbito de actuación, pero también deben tener espacios para reunirse y comunicarse con el resto de los departamentos para evaluar periódicamente la consecución de los objetivos y lograr que todos los miembros de la empresa avancen hacia la misma dirección. En última instancia, esa es la idea, ¿verdad?

La comunicación en dos direcciones y sus ventajas

¿No nos gusta escucharnos cuando hablamos? No importa la razón... Puede que queramos contar algo extraordinario que nos haya pasado o que hayamos visto, que tengamos un problema y queramos desahogarnos o simplemente que se nos haya ocurrido algo que queramos compartir. Sin embargo, ¿qué sucede cuando debemos prestar atención? ¿Escuchamos con la misma atención que deseamos que nos escuchen? Vamos... Para ser honesto... Sabes que a veces la respuesta es no o no. Y lo cierto es que si no nos escuchaste, nos molestábamos bastante. Si consideramos que no vale la pena insistir, incluso dejamos de hablar. ¿Alguna vez te ha sucedido? ¿Cómo te sentías?... Me lo puedo imaginar porque también lo he experimentado.

Si nos concentramos en el concepto de comunicación bidireccional, entenderás que implica una comunicación en ambos sentidos. Es decir, debes hablar y escuchar. Aunque parezca evidente, en la práctica, muchos no se dan cuenta de que tienen dos orejas para algo, independientemente de nuestra comprensión de la teoría.

La comunicación en la empresa en dos direcciones

La comunicación es algo innato en los humanos y la usamos constantemente: en el trabajo, en casa, en la calle, con nuestra pareja, familia, clientes, desconocidos, etc.

Cuando estás al frente de una empresa, tienes que tomar la iniciativa y organizar y coordinar a todos los miembros de tu equipo de trabajo, sin importar tu estilo de liderazgo. Aunque no se trata de mandar directamente, sí de dar algunas instrucciones básicas para que el trabajo se lleve a cabo. ¿Podemos estar de acuerdo? Dando esas indicaciones de las que hablábamos, serás el comunicador en ese momento y, en teoría, los demás estarán escuchando. Si logras activar la escucha, no habrá muchas dudas o errores. Si no lo has logrado, lamentablemente, pronto te darás cuenta. Y no me enorgullece decir que esto último es lo normal en la mayoría de las empresas.

Sin embargo, ahora llega lo que es realmente importante: lograr que la comunicación sea bidireccional. ¿Sabes qué es? Es cuando te toca prestar atención. Por lo tanto, siempre que los miembros de tu equipo de trabajo quieran hablarte. Cualquier cosa que te pueda decir, no importa que esté relacionada con la tarea que discutiste con ellos antes. Recorde cerrar la boca y tener dos orejas en ese momento. Escucha lo que dice sin interrumpirlo (a menos que no hayas entendido lo que ha dicho) y si necesita una respuesta, espérate hasta el final para recibirla; no te la prepares de antemano.

Ventajas de la comunicación en dos direcciones

Como ya sabes, me concentraré en el entorno interno de la empresa. Sin embargo, lo cierto es que la comunicación bidireccional te beneficiará en cualquier aspecto de tu vida. Porque cuando dejas de escucharte tanto a ti mismo y empiezas a prestar atención a los demás, también notarás un cambio en su actitud. Se sentirán escuchados, tratados e incluso especiales. En realidad, no estamos acostumbrados a recibir una escucha tan atenta, y cuando encontramos a alguien que lo hace, nos sentimos agradecidos. Este bienestar se refleja en nuestra actitud, nuestra disposición a hacer las cosas con mejor ánimo y nuestro esfuerzo por no defraudar a la persona que ha puesto su atención en nosotros.

Y eso solo desde un punto de vista mental, ya que luego llega el aspecto más práctico. Considere que no eres omnipresente y, por lo tanto, no puedes estar en todas partes al mismo tiempo. Aunque tu empresa sea pequeña, no puedes conocer todas las situaciones que ocurren allí. Esto significa que debe escuchar a alguien sobre cualquier problema que haya descubierto, sonido extraño de la maquinaria o recomendaciones para mejorar. Puede que ese sonido extraño que te han informado que hace la máquina hoy sea solo un pequeño engrasado de los engranajes. Sin embargo, si lo ignoras, dentro de un tiempo (y seguramente cuando tengas más trabajo, según la ley de Murphy), esa misma máquina dejará de funcionar como debería y solo tendrás que lamentarte por no haber hecho algo antes. Recuerda que recibiste un aviso.

Te doy otro ejemplo... Si alguien te dice que sentarse en una silla durante todo el día le causa dolor de espalda, tienes dos opciones: ignorar la queja y dejar que se apañe o buscar una solución para evitar que ese dolor se convierta en una lesión y te impida trabajar. Sin mencionar los asuntos legales relacionados con la prevención de riesgos y las posibles repercusiones de ignorar el comentario...

Establezca espacios para la conversación.

Lo más importante de todo esto es que la comunicación dentro de su empresa debería siempre ser bidireccional. Puede esperar a que suceda de manera espontánea o puede establecer conversaciones. Y no me refiero an una reunión de coordinación, sino a que te conviertas en alguien cercano, hagas preguntas, tengas preocupaciones... De vez en cuando, debes bajar del trono de hierro y asegurarte de que todo esté en su lugar ideal.

Ya te he dicho anteriormente que no todos te llamarán proactivamente para decirte que algo no funciona bien, que tiene un problema con un compañero, que cree que algo podría mejorar, etc. No todos son personas abiertas y no les gusta hablar con personas específicas sobre temas específicos. Por lo tanto, te invito a considerar cómo podrías establecer esa área de conversación dentro de tu empresa. En este momento, creo que podría crear un buzón de comentarios y quejas. o llevar a cabo una encuesta. Además, podría organizar reuniones regulares en las que discutáis temas más generales que no sean relacionados con la coordinación o la ejecución. También puedes invitarlos a tomar un café y charlar un rato. ¿Estás consciente de que un día estás con uno y otro día estás con otro? Solo puedes tomar esa decisión en función de la morfología de tu empresa y de las relaciones que tienes con los empleados. Sin embargo, en esencia, se trata de romper la barrera de la jerarquía para dejar de hablar y empezar an escuchar.

Si lo haces, estoy seguro de que tu empresa crecerá casi sin que te des cuenta. Si eres un líder corporativo contemporáneo, también debes comprender que la comunicación bidireccional en tu empresa va a ser crucial para destacar y diferenciarte de los demás. ¿Qué razón hay? Porque, como te he dicho anteriormente, no es común encontrarte con personas que realmente te escuchen, y cuanto más lo hagas, más fácil será hacerlo, y esto también será una habilidad que podrás aplicar a tu vida personal, por supuesto, pero también cuando trates con tus proveedores, clientes y cualquier otra persona.

Observar La Comunicación No Verbal

¿Alguna vez ha escuchado "tu silencio me lo dice todo"? Esto se debe a que el lenguaje corporal y la comunicación no verbal de una persona revelan sus sentimientos más que las palabras. La vibra o el aura que desprende es la comunicación no verbal. Por ejemplo, una postura abierta y rasgos faciales sonrientes indican que es amable, abierto y amable. Cuando se encoge de hombros con la cabeza hacia abajo y frunce el ceño, puede mostrar que es un poco reservado, tímido o incluso enojado. Expresiones faciales, gestos, movimientos, postura, contacto visual, tono de voz, timbre de voz, tensión muscular y respiración son ejemplos del lenguaje corporal.

Todo el mundo tiene la capacidad de desarrollar la comunicación no verbal, lo que le ayudará a conectarse con los demás, a mostrar cómo se siente y lo que quiere decir, a resolver situaciones conflictivas y an establecer relaciones más profundas. Descruzando sus brazos y piernas, poniéndose de pie con una postura abierta, sentándose en el borde de su asiento y manteniendo un contacto visual constante, puede implementar la comunicación no verbal a través de su lenguaje corporal. Para crear una imagen clara para su audiencia, puede usar el lenguaje corporal con la comunicación verbal enfatizando sus acciones o hablando con sus manos.

Algunos consejos sobre cómo leer la comunicación no verbal son los siguientes:

Observa las diferencias.

Dado que esto puede ser una complicación significativa en la comunicación útil, es esencial tomar nota de en qué parte del mundo o de qué cultura se origina una persona. Tenga en cuenta la edad, la cultura, la religión, el género y el estado emocional de alguien cuando lea su lenguaje corporal. Imaginemos an adolescentes canadienses, viudas preocupadas y hombres de negocios asiáticos. Cada uno de estos diversos grupos de personas suele comunicarse de diferentes maneras. Si está casado, por supuesto, sabría esto acerca de la otra persona. Sin embargo, es importante porque a menudo lo olvidamos, especialmente cuando estamos en una discusión emocional.

Todas las señales de comunicación no verbal deben tenerse en cuenta.

Cuando está hablando con alguien y no muestra contacto visual, pero mantiene una postura abierta y una sonrisa amable, aún está usando tácticas de comunicación efectivas. En lugar de concentrarse en una sola señal no verbal, es importante notar cada señal no verbal como un todo.

Es muy probable que tenga que trabajar más duro para convencer a alguien de que está abierto a sus sugerencias, pero que se queda con los brazos cruzados.

Estos son algunos consejos para lograr la comunicación no verbal:

Para igualar lo que está diciendo, use señales no verbales.

Si su tono de voz es cálido y amable, pero su lenguaje corporal está cerrado y sacude su cabeza, puede confusar al oyente y dar la impresión de ser falso o deshonesto. Lo mismo se aplica a las señales verbales; cuando habla con otras personas, asegúrese de que su tono de voz y sus emociones coincidan, de esta manera nadie podrá malinterpretar lo que está diciendo.

No tiene sentido gritarle a su pareja que la ama.

Mantenga sus señales no verbales relacionadas con la persona con la que está hablando.

Si habla con un niño en lugar de un adulto, se dirigirá an ellos de manera muy diferente. No querría aplaudir y elogiar an un adulto cuando hace algo que lo impresiona como lo haría an un niño. Por lo general, cuando un adulto lo inspira, habla con un tono sincero y hace cosas como darle palmadas en la espalda y decir que disfrutó de lo que dijo o hizo.

Mantenga su lenguaje corporal neutral.

Las cosas negativas o positivas que hace o cómo se comporta afectarán sus pensamientos y acciones. Por ejemplo, si está nervioso por algo, intente expresarse con audacia y seguridad en su lenguaje corporal. De esta manera, realmente comenzará a sentirse seguro en lugar de nervioso. Es más probable que comparta su energía positiva contagiosa con otros cuando se sienta seguro, dé un apretón de manos firme y mantenga una postura erguida.

¿Cómo Se Comunican Los Bebés Y Los Niños Con Gestos?

Mucho antes de que su aparato fonador esté suficientemente desarrollado como para articular palabras, los bebés pueden controlar el movimiento de sus manos. Los bebés intentan imitar con su cuerpo lo que ven en su entorno, al igual que balbucean cuando intentan reproducir lo que oyen a su alrededor –o incluso cantan.

Según una investigación del departamento de psicología de la Universidad de McGill (Canadá), los bebés comienzan a balbucear con las manos entre los nueve y los doce meses, tratando de imitar lo que ven en su entorno. Esto lo hacen naturalmente, y si les enseñamos a hablar naturalmente, podemos obtener buenos resultados. A los diecisiete o veintidós meses, pueden articular alrededor de cincuenta signos y expresar ideas más complejas, como dolor o molestia o comida demasiado caliente[11].

La Interacción No Verbal

Los gestos son naturales para todos, incluso los niños. Cada familia crea su propio código de comunicación con su bebé, y los padres aprendemos a reconocer las señales de hambre o sueño, ¿no es así?

Mi hija mayor, por ejemplo, creó su propio gesto para avisarnos cuando tenía hambre. Nos preocupaba su peso durante los primeros meses porque nació un poco temprano. Teníamos que despertarla constantemente para intentar que comiera porque no tenía mucha fuerza para succionar y se quedaba dormida fácilmente. Además, hasta que fortaleció su sistema inmunológico, frecuentemente enfermaba, dejaba de comer y perdía peso. Entonces, cuando comenzamos con la alimentación complementaria y nos informó que tenía hambre, nos alegramos mucho y aprovechamos para ofrecerle una variedad de alimentos saludables para que recuperara unos gramos. Después de un tiempo, comencé a desarrollarme en este fascinante mundo y pensé en cómo había creado sus propios gestos para comunicarnos sus necesidades.

Podemos crear numerosos signos y gestos. Todas las familias hacen esto naturalmente, y cuando nos convertimos en padres, nuestra creatividad crece como nunca habíamos imaginado.

Aunque esta puede ser una opción completamente válida, es mejor utilizar una de las lenguas de signos que ya existen si queremos crear una técnica de comunicación gestual que dure a largo plazo. De esta manera, solo necesitaremos realizar pequeñas modificaciones en lugar de inventar algo nuevo.

Además, estaremos enseñando a nuestros hijos valores de empatía y respeto, y quién sabe si los utilizará en el futuro. El conocimiento, sin duda, no tiene cabida.

¿Sabías que algunos primates pueden comunicarse mediante el lenguaje de signos?

Durante muchos años, la comunidad científica ha estado trabajando para descubrir esta hermosa posibilidad. Demostrando esta posibilidad, la pareja de psicólogos Deborah y Roger S. Fouts, quienes trabajaron juntos durante más de cuarenta años en el Instituto de Comunicación entre Humanos y

Chimpancés de la Central Washington University, se muestra en la imagen de la página siguiente.

La doctora Francine Patterson de la Universidad de Stanford ayudó a la gorila Koko a aprender más de mil signos y transmite un hermoso mensaje a la humanidad a través de este tipo de comunicación [12].

Podemos ver en la versión actual de El Planeta de los simios (Dawn of the Planet of the Apes) cómo utilizan la lengua de signos para comunicarse e incluso comprender algunas de las palabras.

6.2 En relación con las lenguas de signos

Antes de comenzar mi formación como instructora, creía que la lengua de signos era universal y ayudaba a todos a comunicarnos de manera unívoca, independientemente de nuestros orígenes.

Era muy inocente y estaba muy lejos de la verdad. Cada nación y/o cultura ha desarrollado su propia lengua de signos debido a la complejidad del ser humano.

Las lenguas de signos tienen diferentes léxicos y gramáticas. También están en constante cambio, al igual que las lenguas habladas.

En mis clases, los alumnos suelen responder que es una forma de complicar nuestra vida, que es triste y que todo podría ser más fácil si hubiera una sola lengua de signos internacional.

Aunque es algo complicado, es cierto que sería mucho más sencillo y desearía que se hubiera considerado a tiempo. Además, podríamos creer que la comunicación universal sería más fácil si todos hablamos una sola lengua, como el esperanto, pero lo cierto es que no lo hacemos.

La lengua es una parte importante de nuestra cultura, de nuestra identidad y de lo que nos define. La riqueza de una cultura se relaciona con la riqueza de una lengua, y la riqueza de una cultura se relaciona con el descubrimiento de la diversidad, que es la esencia de la curiosidad y el deseo de aprender y descubrir lo diferente.

Por lo tanto, ¿cómo podemos exigir a los no oyentes que renuncien a la lengua de su cultura cuando nosotros no estamos dispuestos a hacerlo?

Numerosas lenguas de signos se han desarrollado por razones culturales. Por suerte, en muchas de ellas se pueden encontrar signos similares o idénticos, como los gestos utilizados para decir "comer" o "dormir".

El alfabeto latino se usa en los países de habla hispana, y las personas sordas utilizan el mismo alfabeto manual con algunas variaciones. No obstante, hay notables variaciones con los países que hablan inglés, como el Reino Unido y los Estados Unidos. Los británicos usan el alfabeto bimanual, es decir, usan ambas manos para comunicarse.

Las lenguas de signos también tienen conexiones históricas evidentes. En muchos casos, la historia también está registrada. La lengua de signos española, mexicana, estadounidense y francesa de signos, entre otras muchas, se derivan de la antigua lengua de signos francesa utilizada por la comunidad sorda de París en el siglo XVIII.[13]

Sin embargo, la lengua de signos británica no se asemeja a la lengua de signos estadounidense. Es fascinante notar que, aunque británicos y norteamericanos hablan inglés, no pueden entenderse con sus signos: un signante o señante norteamericano tiene menos dificultad para comunicarse con un signante de lengua de signos francesa que con un signante de lengua de signos británico.

Cuando las personas con problemas de audición se reúnen en cónclaves internacionales, intentan encontrar formas de comunicarse. Esto es comprensible, ya que según la Organización Mundial de la Salud, hay alrededor de 360 millones de personas en todo el mundo que tienen problemas de audición, incluyendo 328 millones de adultos y 32 millones de niños, lo que representa más del 5% de la población global.

La Federación Mundial de Personas Sordas es una organización global que protege los derechos de más de 74 millones de personas sordas en todo el mundo, de las cuales más del 80% residen en países en vías de desarrollo. La WFD es parte del sistema de las Naciones Unidas y tiene representación en el Consejo Económico y Social (COESOC), la Organización de las Naciones Unidas para la Educación, la Ciencia y la Cultura (UNESCO), la Organización Internacional del Trabajo

(OIT) y la Organización Mundial de la Salud.

El Ministerio Adventista del Mundo Sordo afirma que si todas estas personas se unieran en un lugar, formarían parte del cuarta país más grande del mundo.

Se estima que alrededor de 70 millones de personas hablan la lengua de signos como primera o segunda lengua materna. En el primer Congreso Mundial de Sordos en Roma en 1951, se evidenció la importancia de establecer un sistema para facilitar la comunicación entre todos los participantes. Por lo tanto, el sistema Gestuno, cuyo nombre proviene del término gest en inglés y las siglas de la Organización de las Naciones Unidas (ONU), se estableció en 1975. El sistema incluía 1500 signos para elegir una comisión de unificación, pero por varias razones y polémicas no tuvo mucho éxito.

El Proyecto Internacional de Signos ayudó a desarrollar el SSI o Sistema Internacional de Signos unos años después, aproximadamente en 1985. Este sistema busca incorporar signos icónicos, que son más fáciles de comprender y aprender, conocimientos de gramática y algunos préstamos de las lenguas de signos europeas y norteamericanas, o AMESLAN. Aunque este sistema también es controvertido, ayuda a los sordos a superar las barreras lingüísticas en eventos internacionales como los Deaflympics.

Las personas no oyentes tienen muchos menos problemas para comunicarse con personas de otros países que las personas oyentes, incluso si no conocen el Sistema Internacional de Signos. Es importante que aprendamos mucho de ellos.

La lengua de signos estadounidense (ASL)

La lengua de signos para bebés y niños, ASL (American Signs Language o AMESLAN), es la más utilizada.

Aunque se estima que hay alrededor de dos millones de personas que firman solo en Estados Unidos, esta práctica no se limita an este país. En Filipinas, Malasia, Singapur, Hong Kong, República Dominicana, El Salvador, Haití, Puerto Rico, Costa Rica, Costa de Marfil, Burkina Faso, Ghana, Togo, Benín, Nigeria, Chad, Gabón, República Democrática del Congo, República Centroafricana, Mauritania, Kenia, Madagascar y Zinbabwue, así como en algunas partes de México.

Con un aumento notable en los últimos años, se ha convertido en la cuarta lengua extranjera más estudiada en las universidades americanas, superando incluso al italiano.

Expectativas Correctas

Salvo en raras ocasiones, cuando una de las parejas se da cuenta de que entró en una relación equivocada y quiere terminar, en otros contextos, las personas entran en un modelo de relación para que dure toda la vida. .Según las encuestas, el 75% de las parejas no tienen la madurez necesaria para establecer una relación más profunda, como compartir un hogar.

Hemos repetido que es casi imposible para cualquier candidato al matrimonio o modelo de unión similar estar completamente preparado para el camino que se propone.

La capacidad ideal para convivir armoniosamente en pareja se logra durante el proceso de convivencia, nunca antes. No hay un especialista que pueda preparar completamente a alguien para los desafíos que surgirán en la vida de una pareja.

Cada plantilla tiene una serie de características que definen su personalidad en su forma individualizada.

La personalidad de cada persona se basa en sus sentimientos, emociones y la forma en que se ve a sí misma y el mundo que la rodea.

Es raro encontrar a alguien que no tenga un trauma heredado de la infancia o como resultado de un trastorno emocional severo que sufrió en la adolescencia o la edad adulta.

Una de las parejas puede buscar algo en el otro para mantener esa herencia negativa debido an esta herencia traumática.

Una pareja se forma al agregar dos formas individualizadas, que mantienen sus sutilezas de ser, es decir, las características que les son relevantes.

Cada pareja crea expectativas específicas sobre su pareja y la relación en sí misma cuando inicia una relación.

Hay muchas ocasiones en las que las expectativas de una pareja están muy por encima de lo que sucede en su vida diaria.

Y cuando las expectativas son menos de lo que se espera, comienza a surgir la frustración y la desilusión.

Los candidatos podrán obtener señales para reconstruir sus expectativas mediante un análisis sincero y exhaustivo.

Cada uno debe hacer todo lo posible para que la relación funcione bien, pero sin establecer metas de madurez.

Con el tiempo, cada uno aprende más sobre el otro, lo que hace que el nivel de comprensión y entendimiento aumente y que la relación misma se desarrolle an un nivel que satisfaga an ambos.

Según las estadísticas, la mitad de los matrimonios se rompen porque casarse no es una tarea fácil.

Las plataformas de información son amplias y brindan datos muy precisos sobre cualquier tema de nuestro interés; por lo tanto, quienes son candidatos a la condición de matrimonio pueden obtener información amplia que podrá marcar un grado de expectativas más acorde con la realidad.

Se puede dar a las parejas una idea de cómo deben prepararse para adoptar este modelo de convivencia basándose en estadísticas sobre el comportamiento en las relaciones conyugales.

Si el 75 % de las separaciones se deben a la falta de preparación para la convivencia, ese número debe ser utilizado como base para ayudar a las personas an adquirir una preparación mínima para evitar las estadísticas de separaciones.

Todos pueden mirar a su alrededor y ver cuántos amigos y familiares, casados o no, se han separado al menos una vez. Apostamos a que al menos la mitad de esas personas ha experimentado una separación.

Dados los resultados numéricos, es una pregunta sencilla que cualquiera puede hacerse: ¿por qué la mitad de las personas casadas terminan divorciándose?

Podemos plantear una pregunta adicional: ¿Qué sucede con la mitad opuesta, que no se divide? ¿En qué se diferencian las dos mitades?

Es cierto que la mitad de las personas que siguen casadas son aquellas que están menos preparadas y no tienen la madurez necesaria para enfrentar las dificultades durante su matrimonio.

Retrocedemos un poco y completamos el análisis que estábamos haciendo sobre la importancia de usar el silencio saludable.

En algunos de nuestros escritos sobre la metafísica, abordamos estas cuestiones y hablamos sobre el poder del silencio y su importancia.

Es importante entender que una pareja nunca estará chateando todo el tiempo.

Incluso es molesto cuando alguien nos habla todo el tiempo.

Es muy beneficioso tener tiempo libre para concentrarnos en hacer planes, proyectos, entre otras cosas.

El silencio perjudicial al que nos referimos es el que está fuera de la curva, que no es normal; esto caracteriza que una de las parejas ha apagado el proceso de comunicación entre ellas.

Estar en un estado de silencio atípico y divergente del patrón normal de comportamiento es una señal clara de que alguna anormalidad está afectando an esa persona en el contexto de las relaciones personales, especialmente cuando se trata de relaciones entre iguales.

La razón por la que una de las parejas entró en modo silencioso podría ser algo que no estaba bien en su relación o algo que estaba mal en su relación.

Los cónyuges en una relación de pareja madura suelen respetar los momentos especiales del otro, pero no se dan cuenta de lo que ha sucedido o está sucediendo.

Respetar la privacidad del otro es tan importante como esta percepción de que algo ha sucedido.

Los componentes de una comunicación saludable

Algunos principios fundamentales son el amor, el respeto y la amistad para que las ciencias de la interpretación y la comunicación entre pares funcionen de manera efectiva.

Para el éxito de una relación, estas tres variables son inseparables y no se pueden negociar.

El arte de percibir
La arte es la habilidad o disposición para lograr un propósito práctico o teórico de manera consciente, controlada y racional.

Es un conjunto de métodos y técnicas que se utilizan para lograr objetivos prácticos o fabricar bienes; en última instancia, es una estrategia que empleamos con enfoque para practicar algo.

Nuestros sentidos forman nuestra capacidad de percepción; en particular, nuestra capacidad de oír, ver e interpretar lo que percibimos con estos sentidos es crucial. Las personas con las que nos relacionamos siempre se comunican con nosotros, ya sea a través de gestos, palabras o incluso tu silencio.

Nuestro enfoque en nuestras cosas nos hace ignorar los medios de comunicación que la gente utiliza.

Y aquí es donde entra en juego el uso de nuestra capacidad de percepción.

Esta percepción es la forma en que podemos detectar que algo está mal con nuestra pareja. Lo sentimos cuando cambia su comportamiento, comportamiento o actividad.

Para nosotros es fundamental poder ayudar, que aprendamos a leer estos pequeños cambios que pueden aparecer en el día a día de nuestra empresa.

No siempre, la persona que tenemos al lado está transmitiendo conscientemente el mensaje de que no se encuentra bien; si la otra pareja conoce bien a su pareja, se dará cuenta de esta dificultad y tratará de ejercer una mejor observación para saber si es algo del momento o algo más largo de la vida.

Cuando nos concentramos en nuestras actividades, no queremos que nos molesten porque nos concentramos en nuestro trabajo.

Nuestras actitudes y acciones suelen decir más que las palabras; por lo tanto, además de saber interpretar

correctamente los mensajes que recibimos constantemente, también es importante que sepamos comunicarnos correctamente a través de las diversas vías que utilizamos, muchas de las cuales utilizamos de manera inconsciente.
Contacto social

Sin embargo, este método de comunicación no es tan sencillo. Según los postulados de DINACOM, la comunicación se define como una red de medios y códigos que ayudan a crear un imaginario más amplio y democrático que el simple discurso en la calle. busca crear un proceso comunicacional en el que los actores de los hechos son los protagonistas.

También busca evitar el aislamiento mediático mediante la creación de una red de radios en los pueblos originarios mediante la adquisición de equipos transmisores económicos e inteligentes que son fáciles de manejar y tienen un gran alcance en las comunidades.

Es importante recordar que esta táctica reconoce que nuestro país es principalmente un país de radioescuchas en lugar de lectores o espectadores.

De acuerdo con los datos del Informe de desarrollo mundial sobre Bolivia 2000/2001, de cada mil personas en Bolivia, 675 poseen un dispositivo de radio. Esto es una gran ventaja para la comunicación con contenido educativo. El sistema ha dirigido la comunicación a las personas menos beneficiadas. Los altos índices de analfabetismo absoluto y funcional en idioma castellano en Bolivia dejan de ser un problema en los procesos comunicacionales y se convierten en una ventaja política gracias a la utilización de aparatos de radio, equipos más bien baratos y locutores que dominan las lenguas nativas. La comunicación a través de radios en todo el país es una herramienta efectiva para ideologizar, educar y orientar a los marginados, a los que puede llegar usando sus propios códigos y posicionándose en su propia realidad.

No obstante, es importante señalar que el otro público, el otro interlocutor, el público diverso y alfabetizado de las ciudades, sigue siendo mediatizado por los medios de comunicación no estatales y los partidarios políticos abiertamente contrarios a los cambios gubernamentales. El gobierno no parece despreciar la conquista de esa plaza, ni considera que sea una prioridad inmediata.

crear nuevos imaginarios

Si consideramos los lenguajes y símbolos utilizados hasta ahora, la comunicación estatal de largo aliento parece estar enfocada en la construcción de una nueva ciudadanía con identidades culturales específicas. La creación de una nación multinacional con diversas etnias, lenguas, culturas y modelos civilizatorios, así como el fortalecimiento de un Estado unitario a través de políticas públicas enfocadas en el desarrollo social y la educación, con el fin de explicar el proceso de cambio. La construcción de este nuevo imaginario es el objetivo de todas las iniciativas promovidas por el gobierno y la DINACOM, la unidad encargada de centralizar y ejecutar las políticas gubernamentales de comunicación.

El sistema de comunicación estatal está bajo la tuición de DINACOM, el cual comprende el canal estatal (Televisión Boliviana Canal 7), la red de radios Patria Nueva, parcialmente la red de radios de pueblos originarios (que ha sido administrada directamente por las comunidades indígenas, con más de treinta radios hasta el momento), la Agencia Boliviana de Informaciones, la Gaceta Oficial de Convocatorias (369 ediciones, 532.325 dólares en recaudaciones) y la Gaceta Oficial

Este sistema nacional tiene como objetivo "fortalecer y posicionar el sistema de comunicación estatal".

A lo largo de un año y medio de mandato, se han logrado avances significativos en la creación de varios formatos de comunicación.
Se ha producido una producción televisiva a nivel nacional que ha logrado conectar la comunicación periodística a través de redes entre diferentes lugares del país. Aunque se centra en La Paz, la producción busca ser diversa y variada, transmitiendo programas desde Santa Cruz y Cochabamba o abordando temas del resto del país. En este caso, es evidente el cambio en la imagen corporativa de Televisión Boliviana. En lugar de utilizar los colores de la bandera nacional, ha incorporado la forma y los colores de la whiphala aymara en su logotipo.

Otro avance es la radio estatal. En agosto de 2006, Radio Illimani abandonó su nombre paceño y se convirtió en la red

Patria Nueva. Aunque sigue representando el país desde una perspectiva andina y la música del altiplano, su difusión an otras zonas geográficas, su red de reporteros y sus programaciones locales en algunas ciudades de Bolivia, permite considerar la democratización de la información y la educación desde diferentes perspectivas culturales y geográficas.

La ABI ha estado un poco atrás en las noticias. Su desarrollo es limitado por su papel especializado como agencia de prensa, con un público limitado a las redacciones de periódicos, las unidades de prensa de radios y canales. En términos de periodismo, se puede afirmar que ABI ha evolucionado en su enfoque desde su fundación durante el gobierno de Gonzalo Sánchez de Lozada.

ABI ha adoptado la postura social indigenista del gobierno de Evo Morales y se ha adherido a la línea política de recuperación de los recursos naturales. Además, ha adoptado una perspectiva nacionalizadora y ha criticado duramente a las oligarquías y grupos políticos conservadores.

Además de mejorar la capacidad comunicativa de los medios estatales para construir el proceso de cambio, DINACOM se ocupa de coordinar líneas y acciones con las unidades de comunicación de los Ministerios. Además, coordina acciones con otros medios de comunicación, periodistas e instituciones relacionadas con la comunicación.

En este proceso, DINACOM trabaja con los movimientos sociales para crear la política de comunicación del gobierno. De ahí surgieron ideas como una Bolivia que es digna y soberana, sin la hegemonía del poder y que está cambiando. En los medios de comunicación estatales y en general, se transmite una imagen del cambio pero con una democratización y la participación de la gente. Las políticas de comunicación no se enfocan únicamente en la producción de imágenes y la consolidación de poderes estáticos. Las políticas buscan generar información, consulta, deliberación, concertación, movilización y corresponsabilidad, ya que las movilizaciones sociales, no solo las que precedieron a la emergencia del presidente Morales, sino también las actuales en Bolivia, son el resultado de la profunda crisis estatal y anticipan cambios importantes. No consideran el proceso como algo completado, sino que se enfocan en las consecuencias futuras.

Se trata de un plan que consta de varias etapas:
Construcción del discurso: cumplimiento de las promesas electorales y programa de gobierno.
orientación a la comunidad sobre los diversos esfuerzos gubernamentales realizados por los ministerios y las políticas públicas propuestas,
Todas estas acciones se integran en la creación de una red, una comunicación nacional.

Estas acciones incluyen, entre otras cosas, el fortalecimiento de las capacidades de los voceros políticos y técnicos, así como la movilización mediante una campaña constante de información sobre el proceso de cambio. Se utilizan las excelentes relaciones que tiene el gobierno con las organizaciones sociales del país, particularmente las indígenas, campesinas y de pueblos originarios, para llevar a cabo estas acciones.

El papel del gobierno en los medios

A pesar de que el acercamiento a los movimientos sociales tiene sus momentos de flujo y reflujos, aunque en estas organizaciones se ve al gobierno como un aliado intuitivo, las demandas excesivas y no siempre satisfacidas según el criterio de los sectores hacen que se marquen con precaución las distancias. Sí, somos aliados, pero también somos custodios del curso de los eventos. El gobierno de Evo Morales no parece estar preocupado por esto.

El presidente ha manifestado en varias ocasiones que podrá desempeñar plenamente su función de líder del destino del país gracias al apoyo de las organizaciones sociales y el control social.

En este momento, gracias a las estrategias de comunicación del gobierno, se puede considerar una posición del gobierno única en el contexto histórico. Es el control de los movimientos sociales, pero también es la lucha del Estado contra los movimientos sociales que quieren socavarlo. El valor que evita conflictos y promueve la armonía es la inclusión. El presidente y su equipo ejecutivo han logrado generar interesantes procesos comunicacionales en un proceso largo de toma del Poder y triunfo del programa socialista del MAS, con empoderamiento de los pueblos indígenas y originarios, gracias a su acercamiento a los movimientos sociales y su capacidad de diálogo y apertura.

Desde el nombramiento de Evo Morales como presidente, el posicionamiento del gobierno ha aumentado significativamente. Al presidente y a todo su gabinete de ministros los mantienen vivos en combate y en campaña comunicacional debido a sus acciones en la recuperación de los recursos naturales, su distanciamiento de ciertos sectores burocráticos, su enfrentamiento con las cúpulas del

Poder Judicial y su sorda batalla con los comités cívicos del oriente.

Alternativas para la comunicación

Durante este proceso de transformación, se incorporan an otros actores como los legisladores y asambleístas pertenecientes al Movimiento al Socialismo, quienes también participan en la conversación.

En cuanto a la Asamblea Constituyente, que es posiblemente la reivindicación más costosa de las luchas sociales en Bolivia, se ha logrado un triunfo parcial de las fuerzas progresistas, pero aún no ha logrado superar la lucha adversa contra una oligarquía que se muestra resistente a los cambios estructurales.

Hasta el momento, los principales hablantes en la Asamblea Constituyente en los medios de comunicación se encuentran aislados. La oposición, que es minoritaria, tiene a su favor el poder de los medios. Los representantes letrados de los sectores minoritarios y todavía poderosos del país han recibido el apoyo moral e ideológico de un grupo de periodistas de medios televisivos e impresos, radios urbanas y redes nacionales.

En pequeños grupos, los opositores utilizan la simpatía ideológica y la tolerancia de los reporteros y enviados especiales para difundir rumores, especulaciones y denuncias con el fin de denigrar a la Asamblea y a sus representantes indígenas ante la opinión pública nacional e internacional.

En este momento, los medios de comunicación estatales (televisión, radio y agencia de prensa) y las redes radiales de corte popular son un obstáculo para contrarrestar la ofensiva mediática, aunque no logran crear un discurso alternativo.
Factor Evo

El canal estatal transmite mensajes en quechua, guaraní y aymará bajo el lema

"La imagen de nuestra gente". Predica un autoreconocimiento de amplia geografía con la imagen de interlocutores indígenas.

En los últimos días, DINACOM ha anunciado la compra de transmisores digitalizados para la radio y la televisión para mejorar la red radial y televisiva en las ciudades del eje La Paz-Cochabamba-Santa Cruz.

Sin embargo, a pesar de la importancia del equipamiento técnico, que es crucial para llevar a cabo acciones, el presidente Evo Morales juega un papel importante en la comunicación gubernamental.

En el pasado, las construcciones semánticas y sintácticas del actual presidente causaban hilaridad en las clases sociales altas, en los sectores alfabetos y racistas. Su discurso muestra una Bolivia mixta con raíces indígenas fuertes. Hoy en día, ese lenguaje está ganando ciudadanía y todos los ámbitos políticos lo escuchan con devoción o con desagrado. Evo Morales mezcla la narrativa tradicional, las expresiones emocionales, las recomendaciones incipientes y las oraciones incompletas cuyo significado se puede intuir. Su discurso incluye las delicadezas del lenguaje común a muchos bolivianos, a pesar de las limitaciones que imponen los idiomas regionales.

Además, con la imagen presidencial y el lema "Evo cumple", la comunicación gubernamental maneja las coyunturas políticas. Este lema es uno de los mensajes más fuertes del gobierno actual, y su protagonista principal le da mérito. Es impresionante cuando patea pelota en la cima del Sajama, maneja autos de carrera en la Plaza Murillo y comparte con los artesanos de Tarija. Los periodistas son conscientes de que ahora, más que nunca, una sonrisa, una declaración o un silencio del presidente son noticia constante y viva.

No hay situación, aunque sea difícil, que haya derribado este lema y haya afectado negativamente la confianza en Evo Morales. El presidente fortalece su imagen personal a través de la consolidación de un estilo de vestimenta neoautóctono, que se combina con una estética sencilla e informal que lo identifica con las clases medias populares y los mestizos de origen indígena.

La imagen presidencial promueve la gestión gubernamental. No se encuentran ministros, quienes son figuras secundarias en la campaña oculta de Evo, tratando de obtener un reconocimiento en el Parnaso de la fama. La representación del líder es firme en su apoyo a los programas gubernamentales y en el fortalecimiento de los procesos políticos e históricos que se derivan de la memoria colectiva y de la conciencia crítica sobre los eventos recientes.
• Comunicación en el lugar de trabajo
El siguiente es un ejemplo de cómo se comunica el trabajo-trabajo:

1. Trabaja con información cubierta, recopilando, almacenando, procesando, difundiendo noticias, datos, imágenes, hechos y mensajes como sea necesario para que pueda comprender y actuar claramente sobre el pasado para el medio ambiente y otras personas para tomar decisiones apropiadas.

La función (correctiva) de la socialización es proporcionar recursos conocimiento como permitir que una persona se comporte y sea un miembro activo de la sociedad para que sea consciente de trabajar social y pueda participar activamente en público.

3. Trabaja la motivación explica el destino de cada audiencia a corto y largo plazo, animando a las personas a tomar decisiones y a participar en actividades individuales y grupales. Residir en el mismo lugar durante la caza.

El propósito del foro de discusión es ayudar a las personas a cambiar de opinión sobre un problema público, a fin de llegar an un consenso o an una opinión completa sobre el tema. El foro también proporciona evidencia que es importante y necesaria para que la gente se involucre más en el problema, tanto a nivel nacional como local.

5. El propósito de la educación es transmitir el conocimiento para que se imprima Progreso intelectual, desarrollo de personalidad y capacitación de habilidades y habilidades necesarias en todas las facetas de la vida.

6. La promoción de la cultura, en particular la difusión de productos culturales y arte, tiene un significado para preservar el patrimonio histórico porque el desarrollo de la cultura amplia sus perspectivas, crea fantasía, imprime creatividad y requiere estética.

7. Entretenimiento en grupo individual en forma de señales, símbolos, sonidos e imágenes de difusión desde drama, baile, arte, literatura, música, aunque cuerpo, juegos y otros.

La integración es un esfuerzo para brindar an una nación, grupo e individuo la oportunidad de obtener una variedad de mensajes para que puedan comprender y apreciar las condiciones,

puntos de vista y deseos de cada persona. Otro.
En la vida diaria, llevar el título de líder y hablar con el público es una rutina. La meta es transmitir información y buscar información para que el público entienda lo que se quiere transmitir o esperar, así que la comunicación entrelazada se puede lograr.

En general, la comunicación tiene varios propósitos, entre ellos: Otro así que eso que tiene entregado an otra persona puede ser comprensible. Para que el comunicador (destinatario) pueda entender fácilmente lo que se transmite, es su responsabilidad como comunicador obvio explicar lo mejor posible. Además, los objetivos de la comunicación son que las personas puedan comprender las ideas e ideas que se transmiten. Además, el destino de la comunicación Otro de ellos es persuadir an otros para lograr un destino.
Como resultado, la comunicación breve podría esperar que el objetivo

comprenda y respalde las ideas y acciones. De esa manera, es importante tener en cuenta cuál es el objetivo de la comunicación cada vez que se inicia.

• Comunicación de procedimientos

La comunicación se define como la presencia de una serie de componentes que se incluyen y forman la condición de la comunicación. El siguiente es un componente o elemento en el idioma de la comunicación:

• Referencia (Referencia)

La entrega utiliza la fuente. mensaje, tal como utilizado en esqueleto para reforzar solo el mensaje. Es posible que la fuente sea una persona, una institución, un libro o la aprobación. En esta fuente, debemos prestar atención a la credibilidad (confianza) de la fuente, ya sea nueva, larga, temporal o cualquier otra cosa. Si tomamos la fuente equivocada, la habilidad de comunicación de otros, como suavizarla, puede causar problemas.

• Comunicador

Los comunicadores pueden ser individuos que hablan, escriben, grupos de personas, organizaciones de comunicación como cartas de noticias, radio, televisión, películas, etc. En ocasiones, los comunicadores pueden ser comunicadores. Los términos que ningún comunicador ha observado previamente son los siguientes:

Tener credibilidad como largo debido a la comunicación.

Competencia para comunicar

Tener conocimiento abierto.

Actitud.

Tener la capacidad de arrastrar significado en él, tener la habilidad de cambiar actitudes y aprender más sobre autocomunicación.

El comunicador equipara el mensaje. El centro mensaje (mensaje) debe influir en el negocio. tratar el cambio de actitud y actuar como si fuera solicitado comunicar. Aunque se pueden enviar mensajes lejos, es importante considerar y enfocarse en el destinatario final.

Canal (canal)

Los canales de comunicación siempre transmiten mensajes que pueden aceptarse a través de cinco sentimientos o mediante medios de comunicación.

Comunicador (comunicar = mensaje que recibe)

Los destinatarios o comunicadores de mensajes se pueden dividir en tres categorías: persona, grupo y pulpa.

• Impacto (resultados)

El efecto es el resultado de la acción, es decir, la actitud, en una comunicación. y actuar como la persona solicitada, de acuerdo o no con cómo nuestro será. La comunicación triunfa cuando las actitudes y comportamientos de los demás son apropiados.

modelo de interacción

El término "modelo de comunicación" se refiere an un proceso de comunicación simplificado que muestra las relaciones entre un componente de comunicación y los componentes de Otro. La presentación del modelo en esta sección está destinada a simplificar el proceso. Entender el proceso de comunicación y los componentes fundamentales necesarios de una comunicación.

modelo basado en Laswell

Harold Laswell (Forestdale 1981), politólogo de la Universidad de Yale, presentó el modelo de comunicación. Es necesario responder cinco preguntas sobre el proceso de comunicación: quién (quién), qué (qué) y cómo (cómo) se comunica. ¿Para quién o para quién y cuál fue el impacto o el impacto?

Cuando observo más Siguiendo el modelo Laswell para encontrar significado Parece que la pregunta de quién es es lo que se quiere decir con el Comienzo de la comunicación.

La segunda pregunta es qué se está diciendo o qué se dice. El contenido o el mensaje de la comunicación se relata en esta pregunta.

La pregunta tercera se refiere a vim _ El término "pregunta" se refiere a la pregunta de quién es la audiencia o el destinatario de la comunicación, así como a decir an otro para quién habla el comunicador o a quién se desea transmitir el mensaje.

La cuarta pregunta es cómo o a través de los medios de comunicación. Qué. Los medios de comunicación, como quiso decir, son herramientas de comunicación, como el habla, los movimientos corporales, el contacto visual, el tacto, la radio, la televisión, las cartas, los libros y las imágenes.

La pregunta final es cuál es el impacto o el impacto de la comunicación. Por ejemplo, publicar anuncios en una escuela privada para informar a los padres de un nuevo alumno. Después, publicita esta transmisión con un número de día porque cuanto más tarde se registre como estudiante. Este es el resultado de la comunicación de muchas personas.

ejemplo de Shannon

Modelo de interacción El modelo de comunicación de Claudio Shannon, también conocido como modelo Shannon Vacilar, es otro que muchos utilizan. El término utilizado por cada componente es diferente del modelo Laswell.

En la comunicación, el hombre se utiliza como fuente El cerebro está lleno de información. En este cerebro, hay una posibilidad infinita de mensajes. la principal tarea del cerebro. Desde el millón de mensajes existentes, se ha producido algo de mensaje.

Paso adicional del modelo Shannon tiene Elige el transmisor. La elección de la transmisora depende del tipo de comunicación que se utiliza. Podemos distinguir dos tipos de comunicación: la comunicación mirando a las ventajas y la comunicación utilizando máquinas.

Sobre la comunicación, tenga en cuenta que el transmisor es una herramienta de formación de sonido y está relacionado con los músculos, así como con otros órganos corporales como el lenguaje no verbal. La propia herramienta, el teléfono, la radio, el televisor, las fotografías y las películas son herramientas de comunicación durante la comunicación utilizando máquinas.

- Codificación (Codificación) del mensaje que se necesita para cambiar la ocurrencia en el cerebro en algo Clave el ángulo correcto con un transmisor. En la comunicación, prestar atención a las ventajas de la señal cuando se utilizan herramientas de voz habla. Un movimiento de cabeza, tubo y contacto ojo son señales apropiadas con los músculos y sentidos del cuerpo.

Sobre la comunicación, como el uso de máquinas, donde herramientas-herramientas como El mensaje codificado también se origina en un cuerpo oscuro, pero se propaga a través de una distancia lejana con el transmisor. Por ejemplo, la radio es una extensión de la voz de las personas, mientras que la televisión es una extensión de los ojos y, por lo tanto, es otra herramienta de comunicación.

RECIBIR Y DESCODIFICAR

términos de Shannon para el receptor y la decodificación o interpretación del mensaje, en oposición a la codificación de mensajes. la oportunidad de interactuar en persona. Los transmisores usan los músculos y los órganos vocales para codificar el mensaje. En este caso, la herramienta cuerpo del destinatario es tan simple como ser capaz de realizar notas, El oído, por ejemplo, recibe y descifra la contraseña. llamar, aceptar ojo y descifrar Movilidad de cuerpo y cabeza, El ojo y la señal se iluminan otro que el ojo puede detectar.

       El componente final de Shannon es el destino o el propósito esperado del comunicador. Este es el destino del cerebro humano, que recibe mensajes de muchas variedades. cosa, memoria o pensando en habilidad en función del significado del mensaje. La señal que recibe el mensaje es aceptada. Puede ser posible a través de la audiencia, la visión, el olor y otros medios porque indican ese delineado e interpretado en el cerebro.

FUENTE
INTERFERENCIA

Al transmitir la señal del transmisor al receptor, el modelo de comunicación de Shannon muestra que factor de interferencia. Por ejemplo, mientras hablas con tu amigo mientras conduces, los gritos de los niños interfieren con el sonido del automóvil.

Este Shannon para eliminar la interferencia Me gustaría presentar los siguientes cuatro métodos:

9. Aumentar la fuerza de la señal

10. Señale de inmediato con la señal adecuada.

11. Usar una señal diferente

12. el modelo melé se enrojece

Wilbur El modelo de proceso de comunicación de Scrum difiere de los dos modelos anteriores. demostrando la importancia de la experiencia en el proceso de comunicación. El área de experiencia determina si el destinatario recibió el mensaje enviado de acuerdo con lo que el remitente quiso decir pasado. Schrum afirma que si no hay similitudes en el campo de experiencia, el mismo idioma, la misma formación y la misma cultura, es posible que un poco de habilidad en el mensaje se interprete correctamente.

Este modelo, como los anteriores, muestra un proceso de comunicación unidireccional en lugar de dos direcciones. Después de que Schrum comprendió el significado Finalmente, volvió a comunicarse. Este modelo de dos direcciones es un modelo ideal.

El modelo de berol

El modelo creado por David Berol en 1960 solo muestra una sola dirección del proceso de comunicación y se compone de cuatro elementos: fuente, mensaje, canal y receptor o destinatario. Viene, pero la tres es Monto factor verificar sobre cada componente. El contenido, el procesamiento o tratamiento y la codificación del mensaje dependen de las habilidades, actitudes, conocimientos, cultura y sistemas sociales de la fuente o persona del mensaje.

Modelo de interacción El significado del mensaje enviado al destinatario no se encuentra en las palabras del mensaje, sino que se enfatiza en la comunicación como un proceso. En otras palabras, la interpretación de ese mensaje podría depender principalmente del significado de la palabra o del mensaje interpretado por el remitente o destinatario en lugar de lo que hay en el mensaje en sí.

Modelo del Marinero

Un modelo de comunicación de dos dirección y personaje más universal fue proporcionado por William J. Seiler en 1988. Según Marinero, la fuente o el remitente del mensaje tiene cuatro responsabilidades: determinar el significado que se comunica, codificar el significado en un mensaje específico, enviar mensaje y nota y responder a la respuesta del receptor. El modelo Marinero junto al significado Volvió an enfatizar la importancia del factor ambiental en el proceso de comunicación, ya que puede tener un impacto en la naturaleza y la calidad de la comunicación. Por ejemplo, es más fácil hacer llamadas rutinarias o personales en un lugar tranquilo que en un lugar ruidoso y desagradable. Un número de factores ambientales pueden acelerar el proceso de comunicación, mientras que otros pueden obstaculizarlo.

Involucrado En Comparación Con Comprometido

En todo el mundo, hay muchos trabajadores que solo hacen su trabajo porque son pagados, es decir, simplemente hacen su trabajo y ya está. Eso es correcto, ya que a nadie le gusta trabajar y si lo hacen, es solo para obtener dinero. La diferencia radica en que hay trabajadores que se identifican con lo que hacen al punto de hacer las cosas como si fueran para Dios y marcan la diferencia; estos trabajadores se clasifican como involucrados o comprometidos.

Hay personas que simplemente hacen lo que se les dice y otras que hacen un poco más para demostrar compromiso. Lamentablemente, un jefe no se dará cuenta de ese mensaje que está dando el trabajador, pero el líder si lo captará gracias a la comunicación sólida.

Hay muchas diferencias entre los trabajadores comprometidos y los involucrados, y estas siempre existirán en las empresas que no se adapten a programas de capacitación para su personal. La capacitación comunicacional es el punto de partida para cualquier objetivo an alcanzar.

Para evitar el fracaso, Kiyosaki advierte que "se deben crear programas de comunicación". Esto se puede ver como una pérdida de tiempo y dinero desde el punto de vista de un involucrado en lugar de un comprometido. Es necesario para un empresario, no es una elección.

SERVICIO EN CONTRA DE ATENCIÓN

Para ayudar a través de la comunicación de acero, es importante señalar que el servicio y la atención no son sinónimos. Solo estás involucrado si inviertes en servicios porque el servicio es toda la empresa, sus activos, instalaciones y logística. Sin embargo, la atención es humana, por lo que se representa en el empleado que a su vez se presentará en persona y hablará en nombre de la empresa.

Muchas veces se ha visto en Miss Universo a mujeres muy atractivas seleccionadas en diferentes etapas del certamen pero quedan en el camino cuando llegan a la sección de preguntas. Es una etapa en la que ya no importa la apariencia atractiva, los trajes de gala o típicos o la apariencia ideal, sino demostrar a través de las habilidades comunicativas la mejor respuesta que genere satisfacción al jurado y al público no solo del país que representan sino de todo el mundo.

La comunicación es fundamental. No deje que la imagen determine todo.

La capacitación del trabajador debe centrarse en enseñarle que si el servicio es bueno o malo, es responsabilidad de la empresa, pero su atención es completamente responsabilidad de él. ¿Cómo logras esto sin gastar nada? ¡Hay que estar comprometido para eso!

La publicidad no genera ventas.

Muchas personas creen que las grandes empresas pueden tener éxito llenando los medios de comunicación con publicidad, lo cual a menudo se debe a la atención.

Cuando un cliente recibe un buen trato y está contento, tiene la necesidad de informarse y establece una comunicación sólida. Este hablará inconscientemente de lo bien que fue atendido y de lo satisfecho que se sintió al visitar la tienda "x". Esto se transmitirá de boca en boca.

Obviamente, la publicidad como parte del servicio es muy útil, pero se debe tener en cuenta que solo se utilizará para presentar un producto o servicio de la empresa. La persona que vende es la persona que trabaja en la organización. Y lo hará si utiliza estrategias de comunicación adecuadas y estrategias de ventas.

La información es útil.

Siempre habrá un deseo de obtener información en momentos difíciles en una nación, institución u organización. Como seres humanos, debemos estar al menos informados de nuestro entorno:

Entorno familiar: salud, alimentación, educación, servicios, ropa y calzado.

Entorno laboral: información sobre su trabajo, la organización, la seguridad laboral, los servicios que brinda, los nuevos productos, los avances tecnológicos, la capacitación, las órdenes nuevas, etc.

El entorno social incluye la política, la economía, la seguridad social, la salud, los decretos, las leyes y los deportes.

En cualquiera de estos escenarios, si no hay una comunicación sólida, es posible que se produzca una mala interpretación de alguno de los temas y se produzca un efecto multiplicador de información inútil.

El estado de conocimiento es un derecho universal y humano que impulsa la toma de decisiones y la acción.

El experto

La economía del siglo XVIII experimentó una gran transformación como resultado de la revolución industrial. Mejoró significativamente el ingreso de una persona que, después de pasar mucho tiempo trabajando en la agricultura, pasó a vender su fuerza laboral a cambio de un salario, lo que mejoró su calidad de vida. Esto sin tener control sobre la producción debido a que se basaba en los inversores.

La evolución de la ciencia y la tecnología llevó a la necesidad de un nuevo tipo de profesionales. El agricultor se vio obligado a trabajar para educar a sus hijos, quienes a su vez tendrán una carrera para asegurar el futuro de su familia. Y así siguió ese proceso de formación de profesionales hasta el día de hoy, cuando la industria ya no tiene cabida para una gran cantidad de personas educadas y preparadas.

En el siglo XXI, el emprendimiento y la innovación están presentes y se consideran profesionales no solo aquellos con un título universitario, sino también aquellos que realizan su trabajo de manera constante. Esto implica usar las habilidades de comunicación que se han aprendido durante la formación y capacitación y estar dispuesto an ayudar.

Hay tres puntos clave en la comunicación de acero que se derivan de la regla "APA". Aprendo-Practico-Aplico.

APRENDO

Siempre estaremos en un proceso de aprendizaje en esta vida, y la comunicación de acero es un paso importante para la efectividad de nuestro entendimiento. Nos convertimos en una esponja en este proceso que absorbe todo tipo de mensajes que ayudan a nuestro desarrollo, formación y vida.

Los oídos y el cerebro son esenciales para aprender. La escucha regular nos ayuda a desarrollar ideas y pensamientos.

Escuchar es prestar atención y valorar el mensaje.

Escuchar te permite liderar.

La escucha es fundamental para el buen hablar.

Si ya estás en algún cargo y no sabes escuchar, no podrás ayudar o priorizar las ayudas, y no serás el hombre fuerte en el que muchas personas confían.

Examinemos el tema de escuchar o no priorizar la ayuda. Esto está relacionado con el naufragio del Titanic y ocurrió durante el primer semestre de 1912. Este barco imponente y majestuoso tenía un empleado que trabajaba en el radio telégrafo para transmitir y recibir información. Este ignoró el mensaje de otro barco conocido como el Californian, que ya se había dado cuenta de que había una zona de iceberg y cuyo capitán, el señor Stanley Lord, había informado sobre la situación. El mensaje llegó de forma rápida y clara al Titanic, pero el operador de comunicaciones no prestó atención a las alertas repetidas porque estaba ocupado anunciando nombres de distintas personalidades importantes que disfrutaban de bailes, cenas y brindis esa noche. Inclusiva llegó al punto de pedirle a su compañero de trabajo de California que no causara molestias.

La tragedia fue causada por el choque del Titanic con un iceberg. Muchas personas afirman que el acero utilizado para construir el barco no pasó por la prueba de impacto destructivo a bajas temperaturas. Estos son los resultados de no prestar atención ni querer escuchar.

PRACTICO

La práctica es lo que te permite estar en las mejores condiciones físicas y mentales para mostrar todo tu potencial cuando sea necesario.

Tiene un alto porcentaje de fracaso si no practica. No podemos concebir un boxeador que no practique antes de salir al cuadrilátero o un jinete de carreras de caballos que no practique constantemente para mantener su forma física ideal.

El boxeador y el jinete deben seguir las instrucciones del entrenador y practicarlas para convertirlas en un hábito, lo que les permitirá desarrollar las habilidades y destrezas necesarias para marcar la diferencia.

No se puede mejorar sin práctica. Considere a la orquesta sinfónica o al personal de un circo cometiendo errores durante toda la presentación. Sería simplemente aburrido y nadie se sentiría satisfecho como para aplaudir.

El pintor, el locutor, el cantante, el catador y el paracaidista necesitan práctica. Todo requiere práctica y esfuerzo para obtener mejores resultados.

Trabajar para los demás también requiere aprendizaje y práctica. Hay clientes que solo quieren ser atendidos bien; no les importa el costo o la calidad del producto, sino la buena atención, que es lo que los hace volver.

Es responsabilidad de la empresa implementar un sistema de capacitación para sus empleados, pero es responsabilidad de los empleados aprender, practicar y aplicar.

APLICO

Como es la parte final de una transacción, esta fase de la regla "APA" es la que genera satisfacción, aplausos y ganancias a cualquier empresa. Es allí donde el aprendizaje se hace realidad. En este lugar se pueden observar los resultados de los esfuerzos de los boxeadores que obtienen el campeonato mundial, de los jinetes que marcan estadísticas y de las empresas altamente productivas y exitosas.

Se proporciona una gran cantidad de información sobre las tareas a realizar durante el curso de capacitación, que es útil tanto para usted como para el cliente.

Aquí es donde se muestra el verdadero profesional, quien enseña todas las técnicas de atención aprendidas y aplicadas.

Esta regla "APA" será esencial para adaptarse a cualquier entorno y se debe considerar como un proceso de cambio, cuya transformación sería la más favorable para un efectivo desempeño. Se asemeja an un tratamiento térmico que se aplica al acero para adaptarlo an un ambiente al que se expondrá.

Una Relación Íntima A Lo Largo De La Vida

La dinámica para desarrollar y mantener la intimidad entre padres e hijos empieza cuando una madre y un padre ven y tocan a su bebé por primera vez. La intimidad es instantánea, intensa y a menudo se considera un imperativo biológico para la mayoría de padres novatos porque el placer de traer un hijo al mundo es tan abrumador. Sin embargo, esta intimidad y conexión inmediata entre padres e hijos después del nacimiento no siempre son tan espontáneas y positivas. Un porcentaje considerable, aunque relativamente pequeño, de padres novatos de todas las culturas tienen dificultades para aceptar a su bebé en sus vidas y deben esforzarse mucho para obtener incluso los conocimientos básicos. Dos desconocidos experimentan una atracción mutua irresistible al cruzar la mirada en una habitación llena de gente. Se cree que este fenómeno de "amor a primera vista" es más común durante la adolescencia y la mediana edad. Sin embargo, estudios recientes han demostrado que las personas de 80 y 90 años también experimentan "amor a primera vista".

Hace más de diez años, Betty, una residente de una comunidad de jubilados de 83 años, perdió a su esposo durante 55 años. Hasta que George llegó a la misma comunidad de jubilados hace un año, nunca había imaginado que pudiera sentirse tan próxima an otro hombre. "Un relámpago me recorrió todo el cuerpo", dijo Betty cuando lo vio por primera vez en su apartamento. Después de unos días, Betty nos dijo que pensaba en él constantemente y que por fin tuvo el valor de aparecer mientras estaban en el comedor. Me sentí como una jovencita... Hablaba con torpeza y me ruboricé. Seis semanas después, Betty y George se mudaron a vivir juntos. El primer contacto visual y el intenso sentimiento de intimidad instantánea pueden aparecer tanto en el comedor de unas instalaciones para jubilados, lleno de octogenarios sanos, como en un pub irlandés lleno de jóvenes.

La intimidad es realmente un sentimiento que todos experimentamos a lo largo de nuestra vida. Sentimos la intimidad desde el momento en que nacemos hasta el final de nuestra vida, y es una parte importante de nuestra capacidad para vivir una vida rica y con sentido. Este capítulo examinará cómo la naturaleza y la función de la intimidad cambian a medida que crecemos. Las normas culturales de una sociedad, el género de las personas que forman la relación, las habilidades comunicativas necesarias para llegar y mantener la intimidad y las limitaciones físicas y psicológicas que nos pueden impedir conseguir la intimidad que anhelamos son algunos de los factores que limitan el papel tan importante que juega la intimidad en nuestras vidas.

De qué manera las normas relacionales ayudan a guiarnos hacia comportamientos de intimidad adecuados en ciertas relaciones es una consideración adicional importante a la hora de hablar de la naturaleza y la función de la intimidad a lo largo de la vida. En otras palabras, la forma en que comunicamos la intimidad puede variar mucho en las relaciones familiares, las amistades y las relaciones amorosas.

Como se mencionó anteriormente, todos nosotros nacemos como seres completamente indefensos e indefensos. Para reforzar las numerosas tareas que hay que hacer para cuidar de un bebé, nuestros padres y nuestros cuidadores participaron activamente en el desarrollo de una relación cercana con nosotros. Además, los bebés no son completamente silenciosos ni capaces de comunicarse. Sonríen, ríen, huelen bien y tienen comportamientos divertidos; todo esto nos empuja a desarrollar los primeros sentimientos de calidez, confianza, felicidad y apoyo que, en la mayoría de los casos, continúan a lo largo de nuestra vida. Los primeros años de vida de una persona se caracterizan por un número relativamente bajo de relaciones familiares, que con frecuencia generan intensos sentimientos de intimidad y sirven para satisfacer todas las posibles necesidades físicas y psicológicas imprescindibles. Por lo tanto, aquellos padres que mantengan relaciones cercanas con sus hijos satisfacen sus necesidades físicas, sociales y psicológicas para su desarrollo. Los niños pequeños son dependientes, y la intimidad y la conexión que se crea en la relación entre padres e hijos ayudan an asegurar que el niño se desarrolle correctamente hasta llegar a la adolescencia. Estos padres que desarrollan relaciones cercanas y afectivas con sus hijos suelen reconocer que su trabajo como padres es muy satisfactorio y satisfactorio. Además, los niños pueden desarrollar intimidad en sus relaciones fraternales y con sus abuelos al mismo tiempo. Cada una de estas relaciones familiares es en la mayoría de los casos una conexión segura, tierna y de confianza, llena de felicidad y de ayuda mutua. En los mejores casos, el niño empieza a aprender cómo ser un participante más verbalmente activo en las relaciones familiares y cómo mantener sentimientos de intimidad relacional al responder a las señales de proximidad compartida. Sin duda, los aspectos positivos de las relaciones intimistas se pueden interrumpir trágicamente por el abuso y la negligencia, que aparecen con demasiada frecuencia en las familias jóvenes. Para muchas personas, resulta escandaloso debido a las expectativas universales y culturales de que la infancia debe ser un tiempo de amor y protección.

Si observamos al niño desde los primeros años hasta la adolescencia, observaremos que está creando nuevas relaciones de amistad; conocer an otros niños de edad similar fuera de la familia, lo que crea un nuevo tipo de amistad con sentimientos similares de afecto, confianza, felicidad y apoyo. En ocasiones, es difícil para los padres y hermanos recién llegados comprender que se están creando nuevas relaciones fuera de la familia y que estas relaciones tomarán tiempo de las interacciones frecuentes y emocionalmente intensas entre ellos. Claramente, la adolescencia es un período de diversidad de relaciones y, por lo tanto, de encuentros íntimos únicos. Las necesidades sociales y psicológicas empiezan a chocar con los imperativos biológicos. Los adolescentes experimentan un nuevo tipo de intimidad dominada por la actividad sexual en la mayoría de encuentros heterosexuales y por los comportamientos comunicativos específicos de cada género en las amistades del mismo sexo. Aunque los adolescentes a menudo desconocen los estándares familiares, culturales y sociales que guían el comportamiento interpersonal durante la adolescencia, estos estándares a menudo son ignorados. En muchas culturas, las normas (de género, familiares y sociales) que guían el comportamiento interpersonal se comunican de una manera demasiado dura, poco informativa y desde una perspectiva adulta, lo que crea un clima de opresión que puede llevar an un adolescente a romperlas. Durante este período, los adolescentes buscan comenzar a desarrollar su autonomía, se resisten a la orientación de sus padres y mantienen una conexión emocional con ellos. Los vínculos entre padres e hijos están siendo puestos a prueba durante este período en el que se desarrollan relaciones románticas estrechas con amigos. El adolescente, que antes se comunicaba con su padre o madre con frecuencia y abiertamente, ahora rechaza hacerlo y, de hecho, puede evitar completamente la interacción con ellos. Muchos jóvenes se ocultan para evitar ser vistos en público por sus padres o cualquier adulto, y solo se presentan como amigos. La relación entre padres e hijos se deteriora con frecuencia a medida que los adolescentes avanzan hacia la autonomía y enfrentan desafíos para mantener la misma forma de intimidad que se había disfrutado en años anteriores.

La intimidad se redefine en nuestro mundo de relaciones mientras pasamos de la adolescencia a los primeros años de la edad adulta. El compromiso en las encuestas sexuales se ha vuelto normal o, al menos, las conversaciones sobre el compromiso con una pareja se hacen más comunes. En una relación prolongada, la intimidad puede evitar la transición hacia el matrimonio. Cuando los adultos jóvenes ingresan al mercado laboral, es posible alcanzar la independencia económica en comparación con sus padres. Muchas de las necesidades físicas y psicológicas que se satisfacían en la relación entre padres e hijos ahora se satisfacen en otras relaciones, ya sean íntimas o no. Sin embargo, el vínculo entre padres e hijos sigue siendo fuerte y se ha demostrado que la frecuencia de interacciones entre padres e hijos en los primeros años de la edad adulta aumenta en comparación con la adolescencia. Los primeros años de la vida adulta pueden ser difíciles porque las personas pasan de relaciones sexuales íntimas an otras para encontrar a alguien con quien pasar el resto de la vida. Los primeros años de la vida adulta también son el momento en el que aquellos que antes eran bebés inician su etapa como padres.

Hay que tener en cuenta que el trabajo es donde se forman las relaciones más importantes que construimos durante los primeros años de la edad adulta. Los adultos jóvenes pasan mucho tiempo en el trabajo y, por lo tanto, interactúan con otras personas similares en edad y se enfrentan a muchos de los mismos desafíos personales, sociales y relacionales todos los días. Según investigaciones, muchos individuos no solo tienen citas, sino que se casan con alguien que trabaja para ellos. Es común la intimidad en el lugar de trabajo. Como se mencionó anteriormente, las normas de las organizaciones con frecuencia prohíben los encuentros sexuales entre compañeros de trabajo. Eso es particularmente cierto entre compañeros de trabajo que no tienen el mismo estatus o poder. Sin embargo, estos compañeros de trabajo siguen interactuando y creando relaciones íntimas. Estas relaciones con frecuencia se basan no solo en la proximidad, sino también en las muchas cosas que tienen en común tanto en el trabajo como en la vida fuera del entorno laboral; además, estas relaciones ayudan a resolver muchos de los problemas que enfrentan los jóvenes. En lugar de estar con los padres, las

Los amigos que comparten el mismo lugar de trabajo tienen conversaciones para pedir consejo más frecuentes.
Los investigadores sociales no han profundizado en su investigación sobre la edad objetivo. El hecho de que no haya investigación especializada nos impide comprender la complejidad de nuestra vida relacional en la edad objetivo. Al alcanzar los treinta, cuarenta y cincuenta años, las relaciones familiares íntimas alcanzan su punto máximo. Los padres pueden tener múltiples relaciones intergeneracionales con sus hijos adolescentes o recién llegados a la edad adulta, con sus padres de 60 o 70 años y con frecuencia con sus abuelos de 80 o 90 años. Esta familia multigeneracional ofrece una variedad de oportunidades para la intimidad. La edad madura con frecuencia funciona para dar apoyo

emocional, físico y económico a las necesidades y deseos de los padres y los hijos al mismo tiempo. La generación sándwich, también conocida como la generación sándwich, requiere habilidades comunicativas diversas para mantener un alto nivel de intimidad mientras negocia la dinámica del cambio de poder con los padres más mayores. Al, de 82 años, nos habla del desafío que implica mantener la intimidad cuando se es joven: "Cuando se es más joven, las cosas van a toda prisa y [hay] más presión para subir a la familia, para cubrir las necesidades materiales, para tener éxito en la vida y para cuidar a los padres". Siempre estás ocupado y no tienes mucha paciencia con tu esposa. En realidad no disfrutas del tiempo [cuando eres joven] como lo haces en años posteriores.

Algunos adultos de mediana edad pueden encontrar difícil mantenerse ocupados, distraídos e involucrados en una variedad de actividades. Para otros, pasar del desarrollo de una relación amorosa a mantener una relación con una pareja cuyo cuerpo está cambiando representa una barrera psicológica para la intimidad. Sue, de 76 años, y su esposo estaban enamorados, pero cuando ella le dijo que estaba embarazada a los 30 años, "Él nunca mantuvo relaciones sexuales conmigo después de decírselo". Nunca me tocó durante los nueve meses de embarazo y, para mí, eso fue una pérdida porque es cuando tienes que seguir adelante. Viví celibato durante diez años mientras estaba casada.

www.ingramcontent.com/pod-product-compliance
Lightning Source LLC
Chambersburg PA
CBHW050246120526
44590CB00016B/2241